Max Weber

Wissenschaft als Beruf

Max Weber: Wissenschaft als Beruf

Erstdruck als erster Vortrag in: »Geistige Arbeit als Beruf«. Vier Vorträge vor dem Freistudentischen Bund, München und Leipzig (Duncker und Humblot) 1919. Der Aufsatz basiert auf einem Vortrag, den Max Weber am 7. November 1917 im Rahmen einer vom Freistudentischen Bund, Landesverband Bayern veranstalteten Vortragsreihe »Geistige Arbeit als Beruf« im Kunstsaal der Münchner Buchhandlung Steinicke gehalten hat.

Neuausgabe
Herausgegeben von Karl-Maria Guth
Berlin 2016

Umschlaggestaltung von Thomas Schultz-Overhage

Gesetzt aus der Minion Pro, 11 pt

Verlag: Henricus - Edition Deutsche Klassik GmbH
Mörchinger Str. 33, 14169 Berlin, info@henricus-verlag.de
Druck: Libri Plureos GmbH, Friedensallee 273, 22763 Hamburg

ISBN 978-3-8430-9201-2

Bibliografische Information der Deutschen Nationalbibliothek

Die Deutsche Nationalbibliothek verzeichnet diese Publikation in der Deutschen Nationalbibliografie; detaillierte bibliografische Daten sind im Internet über www.dnb.de abrufbar.

Ich soll nach Ihrem Wunsch über »Wissenschaft als Beruf« sprechen. Nun ist es eine gewisse Pedanterie von uns Nationalökonomen, an der ich festhalten möchte: daß wir stets von den äußeren Verhältnissen ausgehen, hier also von der Frage: Wie gestaltet sich Wissenschaft als Beruf im materiellen Sinne des Wortes? Das bedeutet aber praktisch heute im wesentlichen: Wie gestaltet sich die Lage eines absolvierten Studenten, der entschlossen ist, der Wissenschaft innerhalb des akademischen Lebens sich berufsmäßig hinzugeben? Um zu verstehen, worin da die Besonderheit unserer deutschen Verhältnisse besteht, ist es zweckmäßig, vergleichend zu verfahren und sich zu vergegenwärtigen, wie es im Auslande dort aussieht, wo in dieser Hinsicht der schärfste Gegensatz gegen uns besteht: in den Vereinigten Staaten.

Bei uns – das weiß jeder – beginnt normalerweise die Laufbahn eines jungen Mannes, der sich der Wissenschaft als Beruf hingibt, als »Privatdozent«. Er habilitiert sich nach Rücksprache und mit Zustimmung des betreffenden Fachvertreters, auf Grund eines Buches und eines meist mehr formellen Examens vor der Fakultät, an einer Universität und hält nun, unbesoldet, entgolten nur durch das Kolleggeld der Studenten, Vorlesungen, deren Gegenstand er innerhalb seiner venia legendi selbst bestimmt. In Amerika beginnt die Laufbahn normalerweise ganz anders, nämlich durch Anstellung als »assistant«. In ähnlicher Art etwa, wie das bei uns an den großen Instituten der naturwissenschaftlichen und medizinischen Fakultäten vor sich zu gehen pflegt, wo die förmliche Habilitation als Privatdozent nur von einem Bruchteil der Assistenten und oft erst spät erstrebt wird. Der Gegensatz bedeutet praktisch: daß bei uns die Laufbahn eines Mannes der Wissenschaft im ganzen auf plutokratischen Voraussetzungen aufgebaut ist. Denn es ist außerordentlich gewagt für einen jungen Gelehrten, der keinerlei Vermögen hat, überhaupt den Bedingungen der akademischen Laufbahn sich auszusetzen. Er muß es mindestens eine Anzahl Jahre aushalten können, ohne irgendwie zu wissen, ob er nachher die Chancen hat, einzurücken in eine Stellung, die für den Unterhalt ausreicht. In den Vereinigten Staaten dagegen besteht das bürokratische System. Da wird der junge Mann von Anfang an besoldet. Bescheiden freilich. Das Gehalt entspricht meist kaum der Höhe der Entlohnung eines nicht völlig ungelernten Arbeiters. Immerhin: er beginnt mit einer scheinbar sicheren Stellung, denn er ist fest besoldet. Allein die Regel ist, daß ihm, wie unseren Assistenten, gekündigt werden kann, und das hat er vielfach rücksichtslos zu gewärtigen, wenn er den Erwartungen nicht entspricht. Diese Erwartungen aber gehen dahin, daß er »volle Häuser« macht. Das kann einem deutschen Privatdozenten nicht passieren. Hat man ihn einmal, so wird man ihn nicht mehr los. Zwar »Ansprüche« hat er nicht. Aber er hat doch die begreifliche Vorstellung: daß er, wenn er jahrelang tätig war, eine Art moralisches Recht habe, daß man auf ihn Rücksicht nimmt. Auch – das ist oft wichtig – bei der Frage der eventuellen Habilitierung anderer Privatdozenten. Die Frage: ob man grundsätzlich jeden, als tüchtig legitimierten, Gelehrten habilitieren oder ob man auf den »Lehrbedarf« Rücksicht nehmen, also den einmal vorhandenen Dozenten ein Monopol des Lehrens geben solle, ist ein peinliches Dilemma, welches mit dem bald zu erwähnenden Doppelgesicht des akademischen Berufes zusammenhängt. Meist entscheidet man sich für das zweite. Das bedeutet aber eine Steigerung der Gefahr, daß der betreffende Fachordinarius, bei subjektiv größter Gewissenhaftigkeit, doch seine eigenen Schüler bevorzugt. Persönlich habe ich – um das zu sagen – den Grundsatz befolgt: daß ein bei mir promovierter Gelehrter sich bei einem *andern* als mir und anderswo legitimieren und habilitieren müsse. Aber das Resultat war: daß einer meiner tüchtigsten Schüler anderwärts abgewiesen wurde, weil niemand ihm *glaubte*, daß dies der Grund sei.

Ein weiterer Unterschied gegenüber Amerika ist der: bei uns hat im allgemeinen der Privatdozent *weniger* mit Vorlesungen zu tun, als er wünscht. Er kann zwar dem Rechte nach jede Vorlesung seines Faches lesen. Das gilt aber als ungehörige Rücksichtslosigkeit gegenüber den älteren vorhandenen Dozenten, und in der Regel hält die »großen« Vorlesungen der Fachvertreter, und der Dozent begnügt sich mit Nebenvorlesungen. Der Vorteil ist: er hat, wennschon etwas unfreiwillig, seine jungen Jahre für die wissenschaftliche Arbeit frei.

In Amerika ist das prinzipiell anders geordnet. Gerade in seinen jungen Jahren ist der Dozent absolut überlastet, weil er eben *bezahlt* ist. In einer germanistischen Abteilung z.B. wird der ordentliche Professor etwa ein dreistündiges Kolleg über Goethe lesen und damit: genug –, während der jüngere assistant froh ist, wenn er, bei zwölf Stunden die Woche, neben dem Einbläuen der deutschen Sprache etwa bis zu Dichtern vom Range Uhlands hinauf etwas zugewiesen bekommt. Denn den Lehrplan schreiben die amtlichen Fachinstanzen vor, und darin ist der assistant ebenso wie bei uns der Institutsassistent abhängig.

Nun können wir bei uns mit Deutlichkeit beobachten: daß die neueste Entwicklung des Universitätswesens auf breiten Gebieten der Wissenschaft in der Richtung des amerikanischen verläuft. Die großen Institute medizinischer oder naturwissenschaftlicher Art sind »staatskapitalistische« Unternehmungen. Sie können nicht verwaltet werden ohne Betriebsmittel größten Umfangs. Und es tritt da der gleiche Umstand ein wie überall, wo der kapitalistische Betrieb einsetzt: die »Trennung des Arbeiters von den Produktionsmitteln«. Der Arbeiter, der Assistent also, ist angewiesen auf die Arbeitsmittel, die vom Staat zur Verfügung gestellt werden; er ist infolgedessen vom Institutsdirektor ebenso abhängig wie ein Angestellter in einer Fabrik: – denn der Institutsdirektor stellt sich ganz gutgläubig vor, daß dies Institut *sein* Institut sei, und schaltet darin –, und er steht häufig ähnlich prekär wie jede »proletaroide« Existenz und wie der assistant der amerikanischen Universität.

Unser deutsches Universitätsleben amerikanisiert sich, wie unser Leben überhaupt, in sehr wichtigen Punkten, und diese Entwicklung, das bin ich überzeugt, wird weiter übergreifen auch auf die Fächer, wo, wie es heute noch in meinem Fache in starkem Maße der Fall ist, der Handwerker das Arbeitsmittel (im wesentlichen: die Bibliothek) selbst besitzt, ganz entsprechend, wie es der alte Handwerker in der Vergangenheit innerhalb des Gewerbes auch tat. Die Entwicklung ist in vollem Gange.

Die technischen Vorzüge sind ganz unzweifelhaft, wie bei allen kapitalistischen und zugleich bürokratisierten Betrieben. Aber der »Geist«, der in ihnen herrscht, ist ein anderer als die althistorische Atmosphäre der deutschen Universitäten. Es besteht eine außerordentlich starke Kluft, äußerlich und innerlich, zwischen dem Chef eines solchen großen kapitalistischen Universitätsunternehmens und dem gewöhnlichen Ordinarius alten Stils. Auch in der inneren Haltung. Ich möchte das hier nicht weiter ausführen. Innerlich ebenso wie äußerlich ist die alte Universitäts*verfassung* fiktiv geworden. Geblieben aber und wesentlich gesteigert ist ein der Universitäts*laufbahn* eigenes Moment: ob es einem solchen Privatdozenten, vollends einem Assistenten, jemals gelingt, in die Stelle eines vollen Ordinarius und gar eines Institutsvorstandes einzurücken, ist eine Angelegenheit, die einfach *Hasard* ist. Gewiß: nicht nur der Zufall herrscht, aber er herrscht doch in ungewöhnlich hohem Grade. Ich kenne kaum eine Laufbahn auf Erden, wo er eine solche Rolle spielt. Ich darf das um so mehr sagen, als ich persönlich es einigen absoluten Zufälligkeiten zu verdanken habe, daß ich seinerzeit in sehr jungen Jahren in eine ordentliche Professur eines Faches berufen wurde, in welchem damals Altersgenossen unzweifelhaft mehr als ich geleistet hatten. Und ich bilde mir allerdings ein, auf Grund dieser Erfahrung ein geschärftes Auge für das unverdiente Schicksal der vielen zu haben, bei denen der Zufall gerade umgekehrt gespielt hat und noch spielt, und die trotz aller Tüchtigkeit innerhalb dieses Ausleseapparates nicht an die Stelle gelangen, die ihnen gebühren würde.

Daß nun der Hasard und nicht die Tüchtigkeit als solche eine so große Rolle spielt, liegt nicht allein und nicht einmal vorzugsweise an den Menschlichkeiten, die natürlich bei dieser Auslese ganz ebenso vorkommen wie bei jeder anderen. Es wäre unrecht, für den Umstand, daß zweifellos so viele Mittelmäßigkeiten an den Universitäten eine hervorragende Rolle spielen, persönliche Minderwertigkeiten von Fakultäten oder Ministerien verantwortlich zu machen. Sondern das liegt an den Gesetzen menschlichen Zusammenwirkens, zumal eines Zusammenwirkens mehrerer Körperschaften, hier: der vorschlagenden Fakultäten mit den Ministerien, an sich. Ein Gegenstück: wir können durch viele Jahrhunderte die Vorgänge bei den Papstwahlen verfolgen: das wichtigste kontrollierbare Beispiel gleichartiger Personenauslese. Nur selten hat der Kardinal, von dem man sagt: er ist »Favorit«, die Chance durchzukommen. Sondern in der Regel der Kandidat Nummer zwei oder drei. Das gleiche beim Präsidenten der Vereinigten Staaten: nur ausnahmsweise der allererste, also: prononcierteste, Mann, sondern meist Nummer zwei, oft Nummer drei, kommt in die »nomination« der Parteikonvente hinein und nachher in den Wahlgang: die Amerikaner haben für diese Kategorien schon technisch-soziologische Ausdrücke gebildet, und es wäre ganz interessant, an diesen Beispielen die Gesetze einer Auslese durch Kollektivwillensbildung zu untersuchen. Das tun wir heute hier nicht. Aber sie gelten auch für Universitätskollegien, und zu wundern hat man sich nicht darüber, daß da öfter Fehlgriffe erfolgen, sondern daß eben doch, verhältnismäßig angesehen, immerhin die Zahl der *richtigen* Besetzungen eine trotz allem sehr bedeutende ist. Nur wo, wie in einzelnen Ländern, die Parlamente oder, wie bei uns bisher, die Monarchen (beides wirkt ganz gleichartig) oder jetzt revolutionäre Gewalthaber aus *politischen* Gründen eingreifen, kann man sicher sein, daß bequeme Mittelmäßigkeiten oder Streber allein die Chancen für sich haben.

Kein Universitätslehrer denkt gern an Besetzungserörterungen zurück, denn sie sind selten angenehm. Und doch darf ich sagen: der gute *Wille*, rein sachliche Gründe entscheiden zu lassen, war in den mir bekannten zahlreichen Fällen ohne Ausnahme da.

Denn man muß sich weiter verdeutlichen: es liegt nicht nur an der Unzulänglichkeit der Auslese durch kollektive Willensbildung, daß die Entscheidung der akademischen Schicksale so weitgehend »Hasard« ist. Jeder junge Mann, der sich zum Gelehrten berufen fühlt, muß sich vielmehr klarmachen, daß die Aufgabe, die ihn erwartet, ein Doppelgesicht hat. Er soll qualifiziert sein als Gelehrter nicht nur, sondern auch: als Lehrer. Und beides fällt ganz und gar nicht zusammen. Es kann jemand ein ganz hervorragender Gelehrter und ein geradezu entsetzlich schlechter Lehrer sein. Ich erinnere an die Lehrtätigkeit von Männern wie Helmholtz oder wie Ranke. Und das sind nicht etwa seltene Ausnahmen. Nun liegen aber die Dinge so, daß unsere Universitäten, zumal die kleinen Universitäten, untereinander in einer Frequenzkonkurrenz lächerlichster Art sich befinden. Die Hausagrarier der Universitätsstädte feiern den tausendsten Studenten durch eine Festlichkeit, den zweitausendsten Studenten aber am liebsten durch einen Fackelzug. Die Kolleggeldinteressen – man soll das doch offen zugeben – werden durch eine »zugkräftige« Besetzung der nächstbenachbarten Fächer mitberührt, und auch abgesehen davon ist nun einmal die Hörerzahl ein ziffernmäßig greifbares Bewährungsmerkmal, während die Gelehrtenqualität unwägbar und gerade bei kühnen Neuerern oft (und ganz natürlicherweise) umstritten ist. Unter dieser Suggestion von dem unermeßlichen Segen und Wert der großen Hörerzahl steht daher meist alles. Wenn es von einem Dozenten heißt: er ist ein schlechter Lehrer, so ist das für ihn meist das akademische Todesurteil, mag er der allererste Gelehrte der Welt sein. Die Frage aber: ob einer ein guter oder ein schlechter Lehrer ist, wird beantwortet durch die Frequenz, mit der ihn die Herren Studenten beehren. Nun ist es aber eine Tatsache, daß der Umstand, daß die Studenten einem Lehrer zuströmen, in weitestgehendem Maße von reinen Aeußerlichkeiten bestimmt ist: Temperament, sogar Stimmfall, – in einem Grade, wie man es nicht für möglich halten sollte. Ich habe nach immerhin ziemlich ausgiebigen Erfahrungen und nüchterner Ueberlegung ein tiefes Mißtrauen gegen die Massenkollegien, so unvermeidbar gewiß auch sie sind. Die Demokratie da, wo sie hingehört. Wissenschaftliche Schulung aber, wie wir sie nach der Tradition der deutschen Universitäten an diesen betreiben sollen, ist eine *geistesaristokratische* Angelegenheit, das sollten wir uns nicht verhehlen. Nun ist es freilich andererseits wahr: die Darlegung wissenschaftlicher Probleme so, daß ein ungeschulter, aber aufnahmefähiger Kopf sie versteht, und daß er – was für uns das allein Entscheidende ist – zum selbständigen Denken darüber gelangt, ist vielleicht die pädagogisch schwierigste Aufgabe von allen. Gewiß: aber darüber, ob sie gelöst wird, entscheiden nicht die Hörerzahlen. Und – um wieder auf unser Thema zu kommen – eben diese Kunst ist eine persönliche Gabe und fällt mit den wissenschaftlichen Qualitäten eines Gelehrten ganz und gar nicht zusammen. Im Gegensatz zu Frankreich aber haben wir keine Körperschaft der »Unsterblichen« der Wissenschaft, sondern es sollen unserer Tradition gemäß die Universitäten beiden Anforderungen: der Forschung und der Lehre, gerecht werden. Ob die Fähigkeiten dazu sich aber in einem Menschen zusammenfinden, ist absoluter Zufall.

Das akademische Leben ist also ein wilder Hasard. Wenn junge Gelehrte um Rat fragen kommen wegen Habilitation, so ist die Verantwortung des Zuredens fast nicht zu tragen. Ist er ein Jude, so sagt man ihm natürlich: lasciate ogni speranza. Aber auch jeden anderen muß man auf das Gewissen fragen: Glauben Sie, daß Sie es aushalten, daß Jahr um Jahr Mittelmäßigkeit nach Mittelmäßigkeit über Sie hinaussteigt, ohne innerlich zu verbittern und zu verderben? Dann bekommt man selbstverständlich jedesmal die Antwort: Natürlich, ich lebe nur meinem »Beruf«; – aber ich wenigstens habe es nur von sehr wenigen erlebt, daß sie das ohne inneren Schaden für sich aushielten.

Soviel schien nötig, über die äußeren Bedingungen des Gelehrtenberufs zu sagen.

Ich glaube nun aber, Sie wollen in Wirklichkeit von etwas anderem: von dem *inneren* Berufe zur Wissenschaft, hören. In der heutigen Zeit ist die innere Lage gegenüber dem Betrieb der Wissenschaft als Beruf bedingt zunächst dadurch, daß die Wissenschaft in ein Stadium der Spezialisierung eingetreten ist, wie es früher unbekannt war, und daß dies in alle Zukunft so bleiben wird. Nicht nur äußerlich, nein, gerade innerlich liegt die Sache so: daß der Einzelne das sichere Bewußtsein, etwas wirklich ganz Vollkommenes auf wissenschaftlichem Gebiet zu leisten, nur im Falle strengster Spezialisierung sich verschaffen kann. Alle Arbeiten, welche auf Nachbargebiete übergreifen, wie wir sie gelegentlich machen, wie gerade z.B. die Soziologen sie notwendig immer wieder machen müssen, sind mit dem resignierten Bewußtsein belastet: daß man allenfalls dem Fachmann nützliche *Fragestellungen* liefert, auf die dieser von seinen Fachgesichtspunkten aus nicht so leicht verfällt, daß aber die eigene Arbeit unvermeidlich höchst unvollkommen bleiben muß. Nur durch strenge Spezialisierung kann der wissenschaftliche Arbeiter tatsächlich das Vollgefühl, einmal und vielleicht nie wieder im Leben, sich zu eigen machen: hier habe ich etwas geleistet, was *dauern* wird. Eine wirklich endgültige und tüchtige Leistung ist heute stets: eine spezialistische Leistung. Und wer also nicht die Fähigkeit besitzt, sich einmal sozusagen Scheuklappen anzuziehen und sich hineinzusteigern in die Vorstellung, daß das Schicksal seiner Seele davon abhängt: ob er diese, gerade diese Konjektur an dieser Stelle dieser Handschrift richtig macht, der bleibe der Wissenschaft nur ja fern. Niemals wird er in sich das durchmachen, was man das »Erlebnis« der Wissenschaft nennen kann. Ohne diesen seltsamen, von jedem Draußenstehenden belächelten Rausch, diese Leidenschaft, dieses: »Jahrtausende mußten vergehen, ehe du ins Leben tratest, und andere Jahrtausende warten schweigend«: – darauf, ob dir diese Konjektur gelingt, hat einer den Beruf zur Wissenschaft *nicht* und tue etwas anderes. Denn nichts ist für den Menschen als Menschen etwas wert, was er nicht mit *Leidenschaft* tun *kann*.

Nun ist es aber Tatsache: daß mit noch so viel von solcher Leidenschaft, so echt und tief sie sein mag, das Resultat sich noch lange nicht erzwingen läßt. Freilich ist sie eine Vorbedingung des Entscheidenden: der »Eingebung«. Es ist ja wohl heute in den Kreisen der Jugend die Vorstellung sehr verbreitet, die Wissenschaft sei ein Rechenexempel geworden, das in Laboratorien oder statistischen Kartotheken mit dem kühlen Verstand allein und nicht mit der ganzen »Seele« fabriziert werde, so wie »in einer Fabrik«. Wobei vor allem zu bemerken ist: daß dabei meist weder über das, was in einer Fabrik, noch was in einem Laboratorium vorgeht, irgendwelche Klarheit besteht. Hier wie dort muß dem Menschen etwas – und zwar das Richtige – *einfallen*, damit er irgend etwas Wertvolles leistet. Dieser Einfall aber läßt sich nicht erzwingen. Mit irgendwelchem kalten Rechnen hat er nichts zu tun. Gewiß: auch das ist unumgängliche Vorbedingung. Jeder Soziologe z.B. darf sich nun einmal nicht zu schade dafür sein, auch noch auf seine alten Tage vielleicht monatelang viele zehntausende ganz trivialer Rechenexempel im Kopf zu machen. Man versucht nicht ungestraft, das auf mechanische Hilfskräfte ganz und gar abzuwälzen, wenn man etwas herausbekommen will, – und was schließlich herauskommt, ist oft blutwenig. Aber, wenn ihm nicht doch etwas Bestimmtes über die Richtung seines Rechnens und, während des Rechnens, über die Tragweite der entstehenden Einzelresultate »einfällt«, dann kommt selbst dieses Blutwenige nicht heraus. Nur auf dem Boden ganz harter Arbeit bereitet sich normalerweise der Einfall vor. Gewiß: nicht immer. Der Einfall eines Dilettanten kann wissenschaftlich genau die gleiche oder größere Tragweite haben wie der des Fachmanns. Viele unserer allerbesten Problemstellungen und Erkenntnisse verdanken wir gerade Dilettanten. Der Dilettant unterscheidet sich vom Fachmann – wie Helmholtz über Robert Mayer gesagt hat – nur dadurch, daß ihm die feste Sicherheit der Arbeitsmethode fehlt, und daß er daher den Einfall meist nicht in seiner Tragweite nachzukontrollieren und abzuschätzen oder durchzuführen in der Lage ist. Der Einfall ersetzt nicht die Arbeit. Und die Arbeit ihrerseits kann den Einfall nicht ersetzen oder erzwingen, so wenig wie die Leidenschaft es tut. Beide – vor allem: beide *zusammen* – locken ihn. Aber er kommt, wenn es ihm, nicht, wenn es uns beliebt. Es ist in der Tat richtig, daß die besten Dinge einem so, wie Ihering es schildert: bei der Zigarre auf dem Kanapee, oder wie Helmholtz mit naturwissenschaftlicher Genauigkeit für sich angibt: beim Spaziergang auf langsam steigender Straße, oder ähnlich, jedenfalls aber dann, wenn man sie nicht erwartet, einfallen, und nicht während des Grübelns und Suchens am Schreibtisch. Sie wären einem nur freilich nicht eingefallen, wenn man jenes Grübeln am Schreibtisch und wenn man das leidenschaftliche Fragen nicht hinter sich gehabt hätte. Wie dem aber sei: diesen Hasard, der bei jeder wissenschaftlichen Arbeit mit unterläuft: kommt die »Eingebung« oder nicht?, – auch den muß der wissenschaftliche Arbeiter in Kauf nehmen. Es kann einer ein vorzüglicher Arbeiter sein und doch nie einen eigenen wertvollen Einfall gehabt haben. Nur ist es ein schwerer Irrtum zu glauben, das sei nur in der Wissenschaft so, und z.B. in einem Kontor gehe es etwa anders zu wie in einem Laboratorium. Ein Kaufmann oder Großindustrieller ohne »kaufmännische Phantasie«, d.h. ohne Einfälle, geniale Einfälle, der ist sein Leben lang nur ein Mann, der am besten Kommis oder technischer Beamter bliebe: nie wird er organisatorische Neuschöpfungen gestalten. Die Eingebung spielt auf dem Gebiet der Wissenschaft ganz und gar nicht – wie sich der Gelehrtendünkel einbildet – eine größere Rolle als auf dem Gebiete der Bewältigung von Problemen des praktischen Lebens durch einen modernen Unternehmer. Und sie spielt andererseits – was auch oft verkannt wird – keine geringere Rolle als auf dem Gebiete der Kunst. Es ist eine kindliche Vorstellung, daß ein Mathematiker an einem

Schreibtisch mit einem Lineal oder mit anderen mechanischen Mitteln oder Rechenmaschinen zu irgendwelchem wissenschaftlich wertvollen Resultat käme: die mathematische Phantasie eines Weierstraß ist natürlich dem Sinn und Resultat nach ganz anders ausgerichtet als die eines Künstlers und qualitativ von ihr grundverschieden. Aber nicht dem psychologischen Vorgang nach. Beide sind: Rausch (im Sinne von Platons »manía«) und »Eingebung«.

Nun: ob jemand wissenschaftliche Eingebungen hat, das hängt ab von uns verborgenen Schicksalen, außerdem aber von »Gabe«. Nicht zuletzt auf Grund jener zweifellosen Wahrheit hat nun eine ganz begreiflicherweise gerade bei der Jugend sehr populäre Einstellung sich in den Dienst einiger Götzen gestellt, deren Kult wir heute an allen Straßenecken und in allen Zeitschriften sich breit machen finden. Jene Götzen sind: die »Persönlichkeit« und das »Erleben«. Beide sind eng verbunden: die Vorstellung herrscht, das letztere mache die erstere aus und gehöre zu ihr. Man quält sich ab zu erleben – denn das gehört ja zur standesgemäßen Lebensführung einer Persönlichkeit –, und gelingt es nicht, dann muß man wenigstens so tun, als habe man diese Gnadengabe. Früher nannte man dies »Erlebnis« auf deutsch: »Sensation«. Und von dem, was »Persönlichkeit« sei und bedeute, hatte man eine – ich glaube – zutreffendere Vorstellung.

Verehrte Anwesende! »Persönlichkeit« auf wissenschaftlichem Gebiet hat nur der, der *rein der Sache* dient. Und nicht nur auf wissenschaftlichem Gebiet ist es so. Wir kennen keinen großen Künstler, der je etwas anderes getan hätte, als seiner Sache und nur ihr zu dienen. Es hat sich, soweit seine Kunst in Betracht kommt, selbst bei einer Persönlichkeit vom Range Goethes gerächt, daß er sich die Freiheit nahm: sein »Leben« zum Kunstwerk machen zu wollen. Aber mag man das bezweifeln, – jedenfalls muß man eben ein Goethe sein, um sich das überhaupt erlauben zu dürfen, und wenigstens das wird jeder zugeben: unbezahlt ist es auch bei jemand wie ihm, der alle Jahrtausende einmal erscheint, nicht geblieben. Es steht in der Politik nicht anders. Davon heute nichts. Auf dem Gebiet der Wissenschaft aber ist derjenige ganz gewiß keine »Persönlichkeit«, der als Impresario der Sache, der er sich hingeben sollte, mit auf die Bühne tritt, sich durch »Erleben« legitimieren möchte und fragt: Wie beweise ich, daß ich etwas anderes bin als nur ein »Fachmann«, wie mache ich es, daß ich, in der Form oder in der Sache, etwas sage, das so noch keiner gesagt hat wie ich? – eine heute massenhaft auftretende Erscheinung, die überall kleinlich wirkt, und die denjenigen herabsetzt, der so fragt, statt daß ihn die innere Hingabe an die Aufgabe und nur an sie auf die Höhe und zu der Würde der Sache emporhöbe, der er zu dienen vorgibt. Auch das ist beim Künstler nicht anders.

Diesen mit der Kunst gemeinsamen Vorbedingungen unserer Arbeit steht nun gegenüber ein Schicksal, das sie von der künstlerischen Arbeit tief unterscheidet. Die wissenschaftliche Arbeit ist eingespannt in den Ablauf des *Fortschritts*. Auf dem Gebiete der Kunst dagegen gibt es – in diesem Sinne – keinen Fortschritt. Es ist nicht wahr, daß ein Kunstwerk einer Zeit, welche neue technische Mittel oder etwa die Gesetze der Perspektive sich erarbeitet hatte, um deswillen rein künstlerisch höher stehe als ein aller Kenntnis jener Mittel und Gesetze entblößtes Kunstwerk, – *wenn* es nur material- und formgerecht war, das heißt: wenn es seinen Gegenstand so wählte und formte, wie dies ohne Anwendung jener Bedingungen und Mittel kunstgerecht zu leisten war. Ein Kunstwerk, das wirklich »Erfüllung« ist, wird nie überboten, es wird nie veralten; der Einzelne kann seine Bedeutsamkeit für sich persönlich verschieden einschätzen; aber niemand wird von einem Werk, das wirklich im künstlerischen Sinne »Erfüllung« ist, jemals sagen können, daß es durch ein anderes, das ebenfalls »Erfüllung« ist, »überholt« sei. Jeder von uns dagegen in der Wissenschaft weiß, daß das, was er gearbeitet hat, in 10, 20, 50 Jahren veraltet ist. Das ist das Schicksal, ja: das ist der *Sinn* der Arbeit der Wissenschaft, dem sie, in ganz spezifischem Sinne gegenüber allen anderen Kulturelementen, für die es sonst noch gilt, unterworfen und hingegeben ist: jede wissenschaftliche »Erfüllung« bedeutet neue »Fragen« und *will* »überboten« werden und veralten. Damit hat sich jeder abzufinden, der der Wissenschaft dienen will. Wissenschaftliche Arbeiten können gewiß dauernd, als »Genußmittel«, ihrer künstlerischen Qualität wegen, oder als Mittel der Schulung zur Arbeit, wichtig bleiben. Wissenschaftlich aber überholt zu werden, ist – es sei wiederholt – nicht nur unser aller Schicksal, sondern unser aller Zweck. Wir können nicht arbeiten, ohne zu hoffen, daß andere weiter kommen werden als wir. Prinzipiell geht dieser Fortschritt in das Unendliche. Und damit kommen wir zu dem *Sinnproblem* der Wissenschaft. Denn das versteht sich ja doch nicht so von selbst, daß etwas, das einem solchen Gesetz unterstellt ist, Sinn und Verstand in sich selbst hat. Warum betreibt man etwas, das in der Wirklichkeit nie zu Ende kommt und kommen kann? Nun zunächst: zu rein praktischen, im weiteren Wortsinn: technischen Zwecken: um unser praktisches Handeln an den Erwartungen orientieren zu können, welche die wissenschaftliche Erfahrung uns an die Hand gibt. Gut. Aber das bedeutet nur etwas für den Praktiker. Welches aber ist die innere Stellung des Mannes der Wissenschaft selbst zu seinem Beruf?, – wenn er nämlich nach einer solchen überhaupt sucht. Er behauptet: die Wissenschaft »um ihrer selbst willen« und nicht nur dazu zu betreiben, weil andere damit geschäftliche oder technische Erfolge herbeiführen, sich besser nähren, kleiden, beleuchten, regieren können. Was glaubt er denn aber Sinnvolles damit, mit diesen stets zum Veralten bestimmten Schöpfungen, zu leisten, damit also, daß er sich in diesen fachgeteilten, ins Unendliche laufenden Betrieb einspannen läßt? Das erfordert einige allgemeine Erwägungen.

Der wissenschaftliche Fortschritt ist ein Bruchteil, und zwar der wichtigste Bruchteil, jenes Intellektualisierungsprozesses, dem wir seit Jahrtausenden unterliegen, und zu dem heute üblicherweise in so außerordentlich negativer Art Stellung genommen wird.

Machen wir uns zunächst klar, was denn eigentlich diese intellektualistische Rationalisierung durch Wissenschaft und wissenschaftlich orientierte Technik praktisch bedeutet. Etwa, daß wir heute, jeder z.B., der hier im Saale sitzt, eine größere Kenntnis der Lebensbedingungen hat, unter denen er existiert, als ein Indianer oder ein Hottentotte? Schwerlich. Wer von uns auf der Straßenbahn fährt, hat – wenn er nicht Fachphysiker ist – keine Ahnung, wie sie das macht, sich in Bewegung zu setzen. Er braucht auch nichts davon zu wissen. Es genügt ihm, daß er auf das Verhalten des Straßenbahnwagens »rechnen« kann, er orientiert sein Verhalten daran; aber wie man eine Trambahn so herstellt, daß sie sich bewegt, davon weiß er nichts. Der Wilde weiß das von seinen Werkzeugen ungleich besser. Wenn wir heute Geld ausgeben, so wette ich, daß, sogar wenn nationalökonomische Fachkollegen im Saale sind, fast jeder eine andere Antwort bereit halten wird auf die Frage: Wie macht das Geld es, daß man dafür etwas – bald viel, bald wenig – kaufen kann? Wie der Wilde es macht, um zu seiner täglichen Nahrung zu kommen, und welche Institutionen ihm dabei dienen, das weiß er. Die zunehmende Intellektualisierung und Rationalisierung bedeutet also *nicht* eine zunehmende allgemeine Kenntnis der Lebensbedingungen, unter denen man steht. Sondern sie bedeutet etwas anderes: das Wissen davon oder den Glauben daran: daß man, wenn man *nur wollte*, es jederzeit erfahren *könnte*, daß es also prinzipiell keine geheimnisvollen unberechenbaren Mächte gebe, die da hineinspielen, daß man vielmehr alle Dinge – im Prinzip – durch *Berech-*

nen beherrschen könne. Das aber bedeutet: die Entzauberung der Welt. Nicht mehr, wie der Wilde, für den es solche Mächte gab, muß man zu magischen Mitteln greifen, um die Geister zu beherrschen oder zu erbitten. Sondern technische Mittel und Berechnung leisten das. Dies vor allem bedeutet die Intellektualisierung als solche.

Hat denn aber nun dieser in der okzidentalen Kultur durch Jahrtausende fortgesetzte Entzauberungsprozeß und überhaupt: dieser »Fortschritt«, dem die Wissenschaft als Glied und Triebkraft mit angehört, irgendeinen über dies rein Praktische und Technische hinausgehenden Sinn? Aufgeworfen finden Sie diese Frage am prinzipiellsten in den Werken Leo Tolstojs. Auf einem eigentümlichen Wege kam er dazu. Das ganze Problem seines Grübelns drehte sich zunehmend um die Frage: ob der *Tod* eine sinnvolle Erscheinung sei oder nicht. Und die Antwort lautet bei ihm: für den Kulturmenschen – nein. Und zwar deshalb nicht, weil ja das zivilisierte, in den »Fortschritt«, in das Unendliche hineingestellte einzelne Leben seinem eigenen immanenten Sinn nach kein Ende haben dürfte. Denn es liegt ja immer noch ein weiterer Fortschritt vor dem, der darin steht; niemand, der stirbt, steht auf der Höhe, welche in der Unendlichkeit liegt. Abraham oder irgendein Bauer der alten Zeit starb »alt und lebensgesättigt«, weil er im organischen Kreislauf des Lebens stand, weil sein Leben auch seinem Sinn nach ihm am Abend seiner Tage gebracht hatte, was es bieten konnte, weil für ihn keine Rätsel, die er zu lösen wünschte, übrig blieben und er deshalb »genug« daran haben konnte. Ein Kulturmensch aber, hineingestellt in die fortwährende Anreicherung der Zivilisation mit Gedanken, Wissen, Problemen, der kann »lebensmüde« werden, aber nicht: lebensgesättigt. Denn er erhascht von dem, was das Leben des Geistes stets neu gebiert, ja nur den winzigsten Teil, und immer nur etwas Vorläufiges, nichts Endgültiges, und deshalb ist der Tod für ihn eine sinnlose Begebenheit. Und weil der Tod sinnlos ist, ist es auch das Kulturleben als solches, welches ja eben durch seine sinnlose »Fortschrittlichkeit« den Tod zur Sinnlosigkeit stempelt. Ueberall in seinen späten Romanen findet sich dieser Gedanke als Grundton der Tolstojschen Kunst.

Wie stellt man sich dazu? Hat der »Fortschritt« als solcher einen erkennbaren, über das Technische hinausreichenden Sinn, so daß dadurch der Dienst an ihm ein sinnvoller Beruf würde? Die Frage muß aufgeworfen werden. Das ist nun aber nicht mehr nur die Frage des Berufs *für* die Wissenschaft, das Problem also: Was bedeutet die Wissenschaft als Beruf für den, der sich ihr hingibt?, sondern schon die andere: Welches ist der *Beruf* der *Wissenschaft* innerhalb des Gesamtlebens der Menschheit? und welches ihr Wert?

Ungeheuer ist da nun der Gegensatz zwischen Vergangenheit und Gegenwart. Wenn Sie sich erinnern an das wundervolle Bild zu Anfang des siebten Buches von Platons Politeía: jene gefesselten Höhlenmenschen, deren Gesicht gerichtet ist auf die Felswand vor ihnen, hinter ihnen liegt die Lichtquelle, die sie nicht sehen können, sie befassen sich daher nur mit den Schattenbildern, die sie auf die Wand wirft, und suchen ihren Zusammenhang zu ergründen. Bis es einem von ihnen gelingt, die Fesseln zu sprengen, und er dreht sich um und erblickt: die Sonne. Geblendet tappt er umher und stammelt von dem, was er sah. Die anderen sagen, er sei irre. Aber allmählich lernt er, in das Licht zu schauen, und dann ist seine Aufgabe, hinabzusteigen zu den Höhlenmenschen und sie emporzuführen an das Licht. Er ist der Philosoph, die Sonne aber ist die Wahrheit der Wissenschaft, die allein nicht nach Scheingebilden und Schatten hascht, sondern nach dem wahren Sein.

Ja, wer steht heute so zur Wissenschaft? Heute ist die Empfindung gerade der Jugend wohl eher die umgekehrte: Die Gedankengebilde der Wissenschaft sind ein hinterweltliches Reich von künstlichen Abstraktionen, die mit ihren dürren Händen Blut und Saft des wirklichen Lebens einzufangen trachten, ohne es doch je zu erhaschen. Hier im Leben aber, in dem, was für Platon das Schattenspiel an den Wänden der Höhle war, pulsiert die wirkliche Realität: das andere sind von ihr abgeleitete und leblose Gespenster und sonst nichts. Wie vollzog sich diese Wandlung? Die leidenschaftliche Begeisterung Platons in der Politeía erklärt sich letztlich daraus, daß damals zuerst der Sinn eines der großen Mittel alles wissenschaftlichen Erkennens bewußt gefunden war: des *Begriffs*. Von Sokrates ist er in seiner Tragweite entdeckt. Nicht von ihm allein in der Welt. Sie können in Indien ganz ähnliche Ansätze einer Logik finden, wie die des Aristoteles ist. Aber nirgends mit diesem Bewußtsein der Bedeutung. Hier zum erstenmal schien ein Mittel zur Hand, womit man jemanden in den logischen Schraubstock setzen konnte, so daß er nicht herauskam, ohne zuzugeben: entweder daß er nichts wisse; oder daß dies und nichts anderes die Wahrheit sei, die *ewige* Wahrheit, die nie vergehen würde, wie das Tun und Treiben der blinden Menschen. Das war das ungeheure Erlebnis, das den Schülern des Sokrates aufging. Und daraus schien zu folgen, daß, wenn man nur den rechten Begriff des Schönen, des Guten, oder auch etwa der Tapferkeit, der Seele – und was es sei – gefunden habe, daß man dann auch ihr wahres Sein erfassen könne, und das wieder schien den Weg an die Hand zu geben, zu wissen und zu lehren: wie man im Leben, vor allem: als Staatsbürger, richtig handle. Denn auf diese Frage kam den durch und durch politisch denkenden Hellenen alles an. Deshalb betrieb man Wissenschaft.

Neben diese Entdeckung des hellenischen Geistes trat nun als Kind der Renaissancezeit das zweite große Werkzeug wissenschaftlicher Arbeit: das rationale Experiment, als Mittel zuverlässig kontrollierter Erfahrung, ohne welches die heutige empirische Wissenschaft unmöglich wäre. Experimentiert hatte man auch früher: physiologisch z.B. in Indien im Dienst der asketischen Technik des Yogi, in der hellenischen Antike mathematisch zu kriegstechnischen Zwecken, im Mittelalter z.B. zum Zweck des Bergbaus. Aber das Experiment zum Prinzip der Forschung als solcher erhoben zu haben, ist die Leistung der Renaissance. Und zwar bildeten die Bahnbrecher die großen Neuerer auf dem Gebiete der *Kunst*: Lionardo und seinesgleichen, vor allem charakteristisch die Experimentatoren in der Musik des 16. Jahrhunderts mit ihren Versuchsklavieren. Von ihnen wanderte das Experiment in die Wissenschaft vor allem durch Galilei, in die Theorie durch Bacon; und dann übernahmen es die exakten Einzeldisziplinen an den Universitäten des Kontinents, zunächst vor allem in Italien und den Niederlanden.

Was bedeutete nun die Wissenschaft diesen Menschen an der Schwelle der Neuzeit? Den künstlerischen Experimentatoren von der Art Lionardos und den musikalischen Neuerern bedeutete sie den Weg zur *wahren* Kunst, und das hieß für sie zugleich: zur wahren *Natur*. Die Kunst sollte zum Rang einer Wissenschaft, und das hieß zugleich und vor allem: der Künstler zum Rang eines Doktors, sozial und dem Sinne seines Lebens nach, erhoben werden. Das ist der Ehrgeiz, der z.B. auch Lionardos Malerbuch zugrunde liegt. Und heute? »Die Wissenschaft als der Weg zur Natur« – das würde der Jugend klingen wie eine Blasphemie. Nein, umgekehrt: Erlösung vom Intellektualismus der Wissenschaft, um zur eigenen Natur und damit zur Natur überhaupt zurückzukommen! Als Weg zur Kunst vollends? Da bedarf es keiner Kritik. – Aber man erwartete von der Wissenschaft im Zeitalter der Entstehung der exakten Naturwissenschaften noch mehr. Wenn Sie sich an den Ausspruch Swammerdams erinnern: »Ich bringe Ihnen hier den Nachweis der Vorsehung Gottes in der Anatomie einer Laus«, so sehen Sie, was die (indirekt) protestantisch und puritanisch beeinflußte wissenschaftliche Arbeit damals sich als ihre eigene Aufgabe dachte: den Weg zu Gott. Den fand man damals nicht mehr bei den Philosophen und ihren Begriffen und Deduktionen: – daß Gott auf diesem Weg nicht zu finden sei, auf dem ihn das Mittelalter gesucht hatte, das wußte die ganze pietistische Theologie der damaligen Zeit, Spener vor allem. Gott ist verborgen, seine Wege sind nicht unsere Wege, seine Gedanken nicht unsere Gedanken. In den exakten Naturwissenschaften aber, wo man seine Werke physisch greifen konnte, da hoffte man, seinen Absichten mit der Welt auf die Spur zu kommen. Und heute? Wer – außer einigen großen Kindern, wie sie sich gerade in den Naturwissenschaften finden – glaubt heute noch, daß Erkenntnisse der Astronomie oder der Biologie oder der Physik oder Chemie uns etwas über den *Sinn* der Welt, ja auch nur etwas darüber lehren könnten: auf welchem Weg man einem solchen »Sinn« – wenn es ihn gibt – auf die Spur kommen könnte? Wenn irgend etwas, so sind sie geeignet, den Glauben daran: *daß* es so etwas wie einen »Sinn« der Welt gebe, in der Wurzel absterben zu lassen! Und vollends: die Wissenschaft als Weg »zu Gott«? Sie, die spezifisch gottfremde Macht? Daß sie das ist, darüber wird – mag er es sich zugestehen oder nicht – in seinem letzten Innern heute niemand im Zweifel sein. Erlösung von dem Rationalismus und Intellektualismus der Wissenschaft ist die Grundvoraussetzung des Lebens in der Gemeinschaft mit dem Göttlichen: dies oder etwas dem Sinn nach Gleiches ist eine der Grundparolen, die man aus allem Empfinden unserer religiös gestimmten oder nach religiösem Erlebnis strebenden Jugend heraushört. Und nicht nur für das religiöse, nein für das Erlebnis überhaupt. Befremdlich ist nur der Weg, der nun eingeschlagen wird: daß nämlich das einzige, was bis dahin der Intellektualismus noch nicht berührt hatte: eben jene Sphären des Irrationalen, jetzt ins Bewußtsein erhoben und unter seine Lupe genommen werden. Denn darauf kommt die moderne intellektualistische Romantik des Irrationalen praktisch hinaus. Dieser Weg zur Befreiung vom Intellektualismus bringt wohl das gerade Gegenteil von dem, was diejenigen, die ihn beschreiten, als Ziel darunter sich vorstellen. – Daß man schließlich in naivem Optimismus die Wissenschaft, das heißt: die auf sie gegründete Technik der Beherrschung des Lebens, als Weg zum *Glück* gefeiert hat, – dies darf ich wohl, nach Nietzsches vernichtender Kritik an jenen »letzten Menschen«, die »das Glück erfunden haben«, ganz beiseite lassen. Wer glaubt daran? –

außer einigen großen Kindern auf dem Katheder oder in Redaktionsstuben?

Kehren wir zurück. Was ist unter diesen inneren Voraussetzungen der Sinn der Wissenschaft als Beruf, da alle diese früheren Illusionen: »Weg zum wahren Sein«, »Weg zur wahren Kunst«, »Weg zur wahren Natur«, »Weg zum wahren Gott«, »Weg zum wahren Glück«, versunken sind? Die einfachste Antwort hat Tolstoj gegeben mit den Worten: »Sie ist sinnlos, weil sie auf die allein für uns wichtige Frage: ›Was sollen wir tun? Wie sollen wir leben?‹ keine Antwort gibt.« Die Tatsache, daß sie diese Antwort nicht gibt, ist schlechthin unbestreitbar. Die Frage ist nur, in welchem Sinne sie »keine« Antwort gibt, und ob sie statt dessen nicht doch vielleicht dem, der die Frage richtigstellt, etwas leisten könnte. – Man pflegt heute häufig von »voraussetzungsloser« Wissenschaft zu sprechen. Gibt es das? Es kommt darauf an, was man darunter versteht. Vorausgesetzt ist bei jeder wissenschaftlichen Arbeit immer die Geltung der Regeln der Logik und Methodik: dieser allgemeinen Grundlagen unserer Orientierung in der Welt. Nun, diese Voraussetzungen sind, wenigstens für unsere besondere Frage, am wenigsten problematisch. Vorausgesetzt ist aber ferner: daß das, was bei wissenschaftlicher Arbeit herauskommt, *wichtig* im Sinn von »wissenswert« sei. Und da stecken nun offenbar alle unsere Probleme darin. Denn diese Voraussetzung ist nicht wieder ihrerseits mit den Mitteln der Wissenschaft beweisbar. Sie läßt sich nur auf ihren letzten Sinn *deuten*, den man dann ablehnen oder annehmen muß, je nach der eigenen letzten Stellungnahme zum Leben.

Sehr verschieden ist ferner die Art der Beziehung der wissenschaftlichen Arbeit zu diesen ihren Voraussetzungen, je nach deren Struktur. Naturwissenschaften wie etwa die Physik, Chemie, Astronomie setzen als selbstverständlich voraus, daß die – soweit die Wissenschaft reicht, konstruierbaren – letzten Gesetze des kosmischen Geschehens wert sind, gekannt zu werden. Nicht nur, weil man mit diesen Kenntnissen technische Erfolge erzielen kann, sondern, wenn sie »Beruf« sein sollen, »um ihrer selbst willen«. Diese Voraussetzung ist selbst schlechthin nicht beweisbar. Und ob diese Welt, die sie beschreiben, wert ist, zu existieren: ob sie einen »Sinn« hat, und ob es einen Sinn hat: in ihr zu existieren, erst recht nicht. Danach fragen sie nicht. Oder nehmen Sie eine wissenschaftlich so hoch entwickelte praktische Kunstlehre wie die moderne Medizin. Die allgemeine »Voraussetzung« des medizinischen Betriebs ist, trivial ausgedrückt: daß die Aufgabe der Erhaltung des Lebens rein als solchen und der möglichsten Verminderung des Leidens rein als solchen bejaht werde. Und das ist problematisch. Der Mediziner erhält mit seinen Mitteln den Todkranken, auch wenn er um Erlösung vom Leben fleht, auch wenn die Angehörigen, denen dies Leben wertlos ist, die ihm die Erlösung vom Leiden gönnen, denen die Kosten der Erhaltung des wertlosen Lebens unerträglich werden – es handelt sich vielleicht um einen armseligen Irren –, seinen Tod, eingestandener- oder uneingestandenermaßen, wünschen und wünschen müssen. Allein die Voraussetzungen der Medizin und das Strafgesetzbuch hindern den Arzt, davon abzugehen. Ob das Leben lebenswert ist und wann?, – danach fragt sie nicht. Alle Naturwissenschaften geben uns Antwort auf die Frage: Was sollen wir tun, *wenn* wir das Leben *technisch* beherrschen wollen? *Ob* wir es aber technisch beherrschen sollen und wollen, und ob das letztlich eigentlich Sinn hat: – das lassen sie ganz dahingestellt oder setzen es für ihre Zwecke voraus. Oder nehmen Sie eine Disziplin wie die Kunstwissenschaft. Die Tatsache, daß es Kunstwerke gibt, ist der Aesthetik gegeben. Sie sucht zu ergründen, unter welchen Bedingungen dieser Sachverhalt vorliegt. Aber sie wirft die Frage nicht auf, ob das Reich der Kunst nicht vielleicht ein Reich diabolischer Herrlichkeit sei, ein Reich von dieser Welt, deshalb widergöttlich im tiefsten Innern und in seinem tiefinnerlichst aristokratischen Geist widerbrüderlich. Danach also fragt sie nicht: ob es Kunstwerke geben *solle*. – Oder die Jurisprudenz: sie stellt fest, was, nach den Regeln des teils zwingend logisch, teils durch konventionell gegebene Schemata gebundenen juristischen Denkens gilt, also: *wenn* bestimmte Rechtsregeln und bestimmte Methoden ihrer Deutung als verbindlich anerkannt sind. *Ob* es Recht geben solle, und *ob* man gerade diese Regeln aufstellen solle, darauf antwortet sie nicht; sondern sie kann nur angeben: wenn man den Erfolg will, so ist diese Rechtsregel nach den Normen unseres Rechtsdenkens das geeignete Mittel, ihn zu erreichen. Oder nehmen Sie die historischen Kulturwissenschaften. Sie lehren politische, künstlerische, literarische und soziale Kulturerscheinungen aus den Bedingungen ihres Entstehens verstehen. Weder aber geben sie von sich aus Antwort auf die Frage: ob diese Kulturerscheinungen es *wert* waren und sind, zu bestehen, noch antworten sie auf die andere Frage: ob es der Mühe wert ist, sie zu kennen. Sie setzen voraus, daß es ein Interesse habe, durch dies Verfahren teilzuhaben an der Gemeinschaft der »Kulturmenschen«. Aber daß dies der Fall sei, vermögen sie »wissenschaftlich« niemandem zu beweisen, und daß sie es voraussetzen, beweist durchaus nicht, daß es selbstverständlich sei. Das ist es in der Tat ganz und gar nicht.

Bleiben wir nun einmal bei den mir nächstliegenden Disziplinen, also bei der Soziologie, Geschichte, Nationalökonomie und Staatslehre und jenen Arten von Kulturphilosophie, welche sich ihre Deutung zur Aufgabe machen. Man sagt, und ich unterschreibe das: Politik gehört nicht in den Hörsaal. Sie gehört nicht dahin von seiten der Studenten. Ich würde es z.B. ganz ebenso beklagen, wenn etwa im Hörsaal meines früheren Kollegen Dietrich Schäfer in Berlin pazifistische Studenten sich um das Katheder stellten und Lärm von der Art machten, wie es antipazifistische Studenten gegenüber dem Professor Foerster, dem ich in meinen Anschauungen in vielem so fern wie möglich stehe, getan haben sollen. Aber Politik gehört allerdings auch nicht dahin von seiten des Dozenten. Gerade dann nicht, wenn er sich wissenschaftlich mit Politik befaßt, und dann am allerwenigsten. Denn praktisch-politische Stellungnahme und wissenschaftliche Analyse politischer Gebilde und Parteistellung ist zweierlei. Wenn man in einer Volksversammlung über Demokratie spricht, so macht man aus seiner persönlichen Stellungnahme kein Hehl: gerade das: deutlich erkennbar Partei zu nehmen, ist da die verdammte Pflicht und Schuldigkeit. Die Worte, die man braucht, sind dann nicht Mittel wissenschaftlicher Analyse, sondern politischen Werbens um die Stellungnahme der Anderen. Sie sind nicht Pflugscharen zur Lockerung des Erdreiches des kontemplativen Denkens, sondern Schwerter gegen die Gegner: Kampfmittel. In einer Vorlesung oder im Hörsaal dagegen wäre es Frevel, das Wort in dieser Art zu gebrauchen. Da wird man, wenn etwa von »Demokratie« die Rede ist, deren verschiedene Formen vornehmen, sie analysieren in der Art, wie sie funktionieren, feststellen, welche einzelnen Folgen für die Lebensverhältnisse die eine oder andere hat, dann die anderen nicht demokratischen Formen der politischen Ordnung ihnen gegenüberstellen und versuchen, so weit zu gelangen, daß der Hörer in der Lage ist, den Punkt zu finden, von dem aus *er* von *seinen* letzten Idealen aus Stellung dazu nehmen kann. Aber der echte Lehrer wird sich sehr hüten, vom Katheder herunter ihm irgendeine Stellungnahme, sei es ausdrücklich, sei es durch Suggestion – denn das ist natürlich die illoyalste Art, wenn man »die Tatsachen sprechen läßt« – aufzudrängen.

Warum sollen wir das nun eigentlich nicht tun? Ich schicke voraus, daß manche sehr geschätzte Kollegen der Meinung sind, diese Selbstbescheidung durchzuführen, ginge überhaupt nicht, und wenn es ginge, wäre es eine Marotte, das zu vermeiden. Nun kann man niemandem wissenschaftlich vordemonstrieren, was seine Pflicht als akademischer Lehrer sei. Verlangen kann man von ihm nur die intellektuelle Rechtschaffenheit: einzusehen, daß Tatsachenfeststellung, Feststellung mathematischer oder logischer Sachverhalte oder der inneren Struktur von Kulturgütern einerseits, und andererseits die Beantwortung der Frage nach dem *Wert* der Kultur und ihrer einzelnen Inhalte und danach: wie man innerhalb der Kulturgemeinschaft und der politischen Verbände *handeln* solle, – daß dies beides ganz und gar *heterogene* Probleme sind. Fragt er dann weiter, warum er nicht beide im Hörsaal behandeln solle, so ist darauf zu antworten: weil der Prophet und der Demagoge nicht auf das Katheder eines Hörsaals gehören. Dem Propheten wie dem Demagogen ist gesagt: »Gehe hinaus auf die Gassen und rede öffentlich.« Da, heißt das, wo Kritik möglich ist. Im Hörsaal, wo man seinen Zuhörern gegenübersitzt, haben sie zu schweigen und der Lehrer zu reden, und ich halte es für unverantwortlich, diesen Umstand, daß die Studenten um ihres Fortkommens willen das Kolleg eines Lehrers besuchen müssen, und daß dort niemand zugegen ist, der diesem mit Kritik entgegentritt, auszunützen, um den Hörern nicht, wie es seine Aufgabe ist, mit seinen Kenntnissen und wissenschaftlichen Erfahrungen nützlich zu sein, sondern sie zu stempeln nach seiner persönlichen politischen Anschauung. Es ist gewiß möglich, daß es dem Einzelnen nur ungenügend gelingt, seine subjektive Sympathie auszuschalten. Dann setzt er sich der schärfsten Kritik vor dem Forum seines eigenen Gewissens aus. Und es beweist nichts, denn auch andere, rein tatsächliche Irrtümer sind möglich und beweisen doch nichts gegen die Pflicht: die Wahrheit zu suchen. Auch und gerade im rein wissenschaftlichen Interesse lehne ich es ab. Ich erbiete mich, an den Werken unserer Historiker den Nachweis zu führen, daß wo immer der Mann der Wissenschaft mit seinem eigenen Werturteil kommt, das volle Verstehen der Tatsachen *aufhört*. Doch geht das über das Thema des heutigen Abends hinaus und würde lange Auseinandersetzungen erfordern.

Ich frage nur: Wie soll auf der einen Seite ein gläubiger Katholik, auf der anderen Seite ein Freimaurer in einem Kolleg über die Kirchen- und Staatsformen oder über Religionsgeschichte, – wie sollen sie jemals über diese Dinge zur gleichen *Wertung* gebracht werden?! Das ist ausgeschlossen. Und doch muß der akademische Lehrer den Wunsch haben und die Forderung an sich selbst stellen, dem einen wie dem andern durch seine

Kenntnisse und Methoden nützlich zu sein. Nun werden Sie mit Recht sagen: der gläubige Katholik wird auch über die Tatsachen des Herganges bei der Entstehung des Christentums niemals die Ansicht annehmen, die ein von seinen dogmatischen Voraussetzungen freier Lehrer ihm vorträgt. Gewiß! Der Unterschied aber liegt in folgendem: die im Sinne der Ablehnung religiöser Gebundenheit »voraussetzungslose« Wissenschaft kennt in der Tat ihrerseits das »Wunder« und die »Offenbarung« nicht. Sie würde ihren eigenen »Voraussetzungen« damit untreu. Der Gläubige kennt beides. Und jene »voraussetzungslose« Wissenschaft mutet ihm nicht weniger – aber: auch *nicht mehr* – zu als das Anerkenntnis: daß, *wenn* der Hergang ohne jene übernatürlichen, für eine empirische Erklärung als ursächliche Momente ausscheidenden Eingriffe erklärt werden solle, er so, wie sie es versucht, erklärt werden müsse. Das aber kann er, ohne seinem Glauben untreu zu werden.

Aber hat denn nun die Leistung der Wissenschaft gar keinen Sinn für jemanden, dem die Tatsache als solche gleichgültig und nur die praktische Stellungnahme wichtig ist? Vielleicht doch. Zunächst schon eins. Wenn jemand ein brauchbarer Lehrer ist, dann ist es seine erste Aufgabe, seine Schüler *unbequeme* Tatsachen anerkennen zu lehren, solche, meine ich, die für seine Parteimeinung unbequem sind; und es gibt für jede Parteimeinung – z.B. auch für die meinige – solche äußerst unbequeme Tatsachen. Ich glaube, wenn der akademische Lehrer seine Zuhörer nötigt, sich daran zu gewöhnen, daß er dann mehr als eine nur intellektuelle Leistung vollbringt, ich würde so unbescheiden sein, sogar den Ausdruck »sittliche Leistung« darauf anzuwenden, wenn das auch vielleicht etwas zu pathetisch für eine so schlichte Selbstverständlichkeit klingen mag.

Bisher sprach ich nur von *praktischen* Gründen der Vermeidung eines Aufdrängens persönlicher Stellungnahme. Aber dabei bleibt es nicht. Die Unmöglichkeit »wissenschaftlicher« Vertretung von praktischen Stellungnahmen – außer im Falle der Erörterung der Mittel für einen als fest *gegeben* vorausgesetzten Zweck – folgt aus weit tiefer liegenden Gründen. Sie ist prinzipiell deshalb sinnlos, weil die verschiedenen Wertordnungen der Welt in unlöslichem Kampf untereinander stehen. Der alte Mill, dessen Philosophie ich sonst nicht loben will, aber in diesem Punkt hat er recht, sagt einmal: wenn man von der reinen Erfahrung ausgehe, komme man zum Polytheismus. Das ist flach formuliert und klingt paradox, und doch steckt Wahrheit darin. Wenn irgend etwas, so wissen wir es heute wieder: daß etwas heilig sein kann nicht nur: obwohl es nicht schön ist, sondern: *weil* und *insofern* es nicht schön ist, – in dem 53. Kapitel des Jesaiasbuches und im 22. Psalm können Sie die Belege dafür finden; – und daß etwas schön sein kann nicht nur: obwohl, sondern: in dem, worin es nicht gut ist, das wissen wir seit Nietzsche wieder, und vorher finden Sie es gestaltet in den »Fleurs du mal«, wie Baudelaire seinen Gedichtband nannte; – und eine Alltagsweisheit ist es, daß etwas wahr sein kann, obwohl und indem es nicht schön und nicht heilig und nicht gut ist. Aber das sind nur die elementarsten Fälle dieses Kampfes der Götter der einzelnen Ordnungen und Werte. Wie man es machen will, »wissenschaftlich« zu entscheiden zwischen dem *Wert* der französischen und deutschen Kultur, weiß ich nicht. Hier streiten eben auch verschiedene Götter miteinander, und zwar für alle Zeit. Es ist wie in der alten, noch nicht von ihren Göttern und Dämonen entzauberten Welt, nur in anderem Sinne: wie der Hellene einmal der Aphrodite opferte und dann dem Apollon und vor allem jeder den Göttern seiner Stadt, so ist es, entzaubert und entkleidet der mythischen, aber innerlich wahren Plastik jenes Verhaltens, noch heute. Und über diesen Göttern und in ihrem Kampf waltet das Schicksal, aber ganz gewiß keine »Wissenschaft«. Es läßt sich nur verstehen, *was* das Göttliche für die eine und für die andere oder: in der einen und der anderen Ordnung ist. Damit ist aber die Sache für jede Erörterung in einem Hörsaal und durch einen Professor schlechterdings zu Ende, so wenig natürlich das darin steckende gewaltige *Lebens*problem selbst damit zu Ende ist. Aber andere Mächte als die Katheder der Universitäten haben da das Wort. Welcher Mensch wird sich vermessen, die Ethik der Bergpredigt, etwa den Satz: »Widerstehe nicht dem Uebel« oder das Bild von der einen und der anderen Backe, »wissenschaftlich widerlegen« zu wollen? Und doch ist klar: es ist, innerweltlich angesehen, eine Ethik der Würdelosigkeit, die hier gepredigt wird: man hat zu wählen zwischen der religiösen Würde, die diese Ethik bringt, und der Manneswürde, die etwas ganz anderes predigt: »Widerstehe dem Uebel, – sonst bist du für seine Uebergewalt mitverantwortlich.« Je nach der letzten Stellungnahme ist für den Einzelnen das eine der Teufel und das andere der Gott, und der Einzelne hat sich zu entscheiden, welches *für ihn* der Gott und welches der Teufel ist. Und so geht es durch alle Ordnungen des Lebens hindurch. Der großartige Rationalismus der ethisch-methodischen Lebensführung, der aus jeder religiösen Prophetie quillt, hatte diese Vielgötterei entthront zugunsten des »Einen, das not tut« – und hatte dann, angesichts der Realitäten des äußeren und inneren

Lebens, sich zu jenen Kompromissen und Relativierungen genötigt gesehen, die wir alle aus der Geschichte des Christentums kennen. Heute aber ist es religiöser »Alltag«. Die alten vielen Götter, entzaubert und daher in Gestalt unpersönlicher Mächte, entsteigen ihren Gräbern, streben nach Gewalt über unser Leben und beginnen untereinander wieder ihren ewigen Kampf. Das aber, was gerade dem modernen Menschen so schwer wird, und der jungen Generation am schwersten, ist: einem solchen *Alltag* gewachsen zu sein. Alles Jagen nach dem »Erlebnis« stammt aus dieser Schwäche. Denn Schwäche ist es: dem Schicksal der Zeit nicht in sein ernstes Antlitz blicken zu können.

Schicksal unserer Kultur aber ist, daß wir uns dessen wieder deutlicher bewußt werden, nachdem durch ein Jahrtausend die angeblich oder vermeintlich ausschließliche Orientierung an dem großartigen Pathos der christlichen Ethik die Augen dafür geblendet hatte.

Doch genug von diesen sehr ins Weite führenden Fragen. Denn der Irrtum, den ein Teil unserer Jugend begeht, wenn er auf alles das antworten würde: »Ja, aber wir kommen nun einmal in die Vorlesung, um etwas anderes zu erleben als nur Analysen und Tatsachenfeststellungen«, – der Irrtum ist der, daß sie in dem Professor etwas anderes suchen, als ihnen dort gegenübersteht, – einen *Führer* und nicht: einen *Lehrer*. Aber nur als *Lehrer* sind wir auf das Katheder gestellt. Das ist zweierlei, und daß es das ist, davon kann man sich leicht überzeugen. Erlauben Sie, daß ich Sie noch einmal nach Amerika führe, weil man dort solche Dinge oft in ihrer massivsten Ursprünglichkeit sehen kann. Der amerikanische Knabe lernt unsagbar viel weniger als der unsrige. Er ist trotz unglaublich vielen Examinierens doch dem *Sinn* seines Schullebens nach noch nicht jener absolute Examensmensch geworden, wie es der deutsche ist. Denn die Bürokratie, die das Examensdiplom als Eintrittsbillet ins Reich der Amtspfründen voraussetzt, ist dort erst in den Anfängen. Der junge Amerikaner hat vor nichts und niemand, vor keiner Tradition und keinem Amt Respekt, es sei denn vor der persönlich eigenen Leistung des Betreffenden: *das* nennt der Amerikaner »Demokratie«. Wie verzerrt auch immer die Realität diesem Sinngehalt gegenüber sich verhalten möge, der Sinngehalt ist dieser, und darauf kommt es hier an. Der Lehrer, der ihm gegenübersteht, von dem hat er die Vorstellung: er verkauft mir seine Kenntnisse und Methoden für meines Vaters Geld, ganz ebenso wie die Gemüsefrau meiner Mutter den Kohl. Damit fertig. Allerdings: wenn der Lehrer etwa ein football-Meister ist, dann ist er auf diesem

Gebiet sein Führer. Ist er das (oder etwas Aehnliches auf anderem Sportgebiet) aber nicht, so ist er eben nur Lehrer und weiter nichts, und keinem amerikanischen jungen Manne wird es einfallen, sich von ihm »Weltanschauungen« oder maßgebliche Regeln für seine Lebensführung verkaufen zu lassen. Nun, in dieser Formulierung werden wir das ablehnen. Aber es fragt sich, ob hier in dieser von mir absichtlich noch etwas ins Extreme gesteigerten Empfindungsweise nicht doch ein Korn Wahrheit steckt.

Kommilitonen und Kommilitoninnen! Sie kommen mit diesen Ansprüchen an unsere Führerqualitäten in die Vorlesungen zu uns und sagen sich vorher nicht: daß von hundert Professoren mindestens neunundneunzig nicht nur keine football-Meister des Lebens, sondern überhaupt nicht »Führer« in Angelegenheiten der Lebensführung zu sein in Anspruch nehmen und nehmen dürfen. Bedenken Sie: es hängt der Wert des Menschen ja nicht davon ab, ob er Führerqualitäten besitzt. Und jedenfalls sind es nicht *die* Qualitäten, die jemanden zu einem ausgezeichneten Gelehrten und akademischen Lehrer machen, die ihn zum Führer auf dem Gebiet der praktischen Lebensorientierung oder, spezieller, der Politik machen. Es ist der reine Zufall, wenn jemand auch diese Qualität besitzt, und sehr bedenklich ist es, wenn jeder, der auf dem Katheder steht, sich vor die Zumutung gestellt fühlt, sie in Anspruch zu nehmen. Noch bedenklicher, wenn es jedem akademischen Lehrer überlassen bleibt, sich im Hörsaal als Führer aufzuspielen. Denn die, welche sich am meisten dafür halten, sind es oft am wenigsten, und vor allem: ob sie es sind oder nicht, dafür bietet die Situation auf dem Katheder schlechterdings keine Möglichkeit der *Bewährung*. Der Professor, der sich zum Berater der Jugend berufen fühlt und ihr Vertrauen genießt, möge im persönlichen Verkehr von Mensch zu Mensch mit ihr seinen Mann stehen. Und fühlt er sich zum Eingreifen in die Kämpfe der Weltanschauungen und Parteimeinungen berufen, so möge er das draußen auf dem Markt des Lebens tun: in der Presse, in Versammlungen, in Vereinen, wo immer er will. Aber es ist doch etwas allzu bequem, seinen Bekennermut da zu zeigen, wo die Anwesenden und vielleicht Andersdenkenden zum Schweigen verurteilt sind.

Sie werden schließlich die Frage stellen: wenn dem so ist, was leistet denn nun eigentlich die Wissenschaft Positives für das praktische und persönliche »Leben«? Und damit sind wir wieder bei dem Problem ihres »Berufs«. Zunächst natürlich: Kenntnisse über die Technik, wie man das

Leben, die äußeren Dinge sowohl wie das Handeln der Menschen, durch Berechnung beherrscht: – nun, das ist aber doch nur die Gemüsefrau des amerikanischen Knaben, werden Sie sagen. Ganz meine Meinung. Zweitens, was diese Gemüsefrau schon immerhin nicht tut: Methoden des Denkens, das Handwerkszeug und die Schulung dazu. Sie werden vielleicht sagen: nun, das ist nicht Gemüse, aber es ist auch nicht mehr als das Mittel, sich Gemüse zu verschaffen. Gut, lassen wir das heute dahingestellt. Aber damit ist die Leistung der Wissenschaft glücklicherweise auch noch nicht zu Ende, sondern wir sind in der Lage, Ihnen zu einem Dritten zu verhelfen: zur *Klarheit*. Vorausgesetzt natürlich, daß wir sie selbst besitzen. Soweit dies der Fall ist, können wir Ihnen deutlich machen: man kann zu dem Wertproblem, um das es sich jeweils handelt – ich bitte Sie, der Einfachheit halber an soziale Erscheinungen als Beispiel zu denken –, praktisch die und die verschiedene Stellung einnehmen. *Wenn* man die und die Stellung einnimmt, so muß man nach den Erfahrungen der Wissenschaft die und die *Mittel* anwenden, um sie praktisch zur Durchführung zu bringen. Diese Mittel sind nun vielleicht schon an sich solche, die Sie ablehnen zu müssen glauben. Dann muß man zwischen dem Zweck und den unvermeidlichen Mitteln eben wählen. »Heiligt« der Zweck diese Mittel oder nicht? Der Lehrer kann die Notwendigkeit dieser Wahl vor Sie hinstellen, mehr kann er, solange er Lehrer bleiben und nicht Demagoge werden will, nicht. Er kann Ihnen ferner natürlich sagen: wenn Sie den und den Zweck wollen, dann müssen Sie die und die Nebenerfolge, die dann erfahrungsgemäß eintreten, mit in Kauf nehmen: wieder die gleiche Lage. Indessen das sind alles noch Probleme, wie sie für jeden Techniker auch entstehen können, der ja auch in zahlreichen Fällen nach dem Prinzip des kleineren Uebels oder des relativ Besten sich entscheiden muß. Nur daß für ihn eins, die Hauptsache, gegeben zu sein pflegt: der *Zweck*. Aber eben dies ist nun für uns, sobald es sich um wirklich »letzte« Probleme handelt, *nicht* der Fall. Und damit erst gelangen wir zu der letzten Leistung, welche die Wissenschaft als solche im Dienste der Klarheit vollbringen kann, und zugleich zu ihren Grenzen: wir können – und sollen – Ihnen auch sagen: die und die praktische Stellungnahme läßt sich mit innerer Konsequenz und also: Ehrlichkeit ihrem *Sinn* nach ableiten aus der und der letzten weltanschauungsmäßigen Grundposition – es kann sein, aus nur einer, oder es können vielleicht verschiedene sein –, aber aus den und den anderen nicht. Ihr dient, bildlich geredet, diesem Gott *und kränkt jenen anderen*, wenn Ihr Euch für diese Stellungnahme entschließt. Denn ihr kommt notwendig zu diesen und diesen letzten inneren sinnhaften *Konsequenzen*, wenn Ihr Euch treu bleibt. Das läßt sich, im Prinzip wenigstens, leisten. Die Fachdisziplin der Philosophie und die dem Wesen nach philosophischen prinzipiellen Erörterungen der Einzeldisziplinen versuchen, das zu leisten. Wir können so, wenn wir unsere Sache verstehen (was hier einmal vorausgesetzt werden muß), den Einzelnen nötigen, oder wenigstens ihm dabei helfen, sich selbst *Rechenschaft zu geben über den letzten Sinn seines eigenen Tuns.* Es scheint mir das nicht so sehr wenig zu sein, auch für das rein persönliche Leben. Ich bin auch hier versucht, wenn einem Lehrer das gelingt, zu sagen: er stehe im Dienst »sittlicher« Mächte: der Pflicht, Klarheit und Verantwortungsgefühl zu schaffen, und ich glaube, er wird dieser Leistung um so eher fähig sein, je gewissenhafter er es vermeidet, seinerseits dem Zuhörer eine Stellungnahme oktroyieren oder suggerieren zu wollen.

Ueberall freilich geht diese Annahme, die ich Ihnen hier vortrage, aus von dem einen Grundsachverhalt: daß das Leben, solange es in sich selbst beruht und aus sich selbst verstanden wird, nur den ewigen Kampf jener Götter miteinander kennt, – unbildlich gesprochen: die Unvereinbarkeit und also die Unaustragbarkeit des Kampfes der letzten überhaupt *möglichen* Standpunkte zum Leben, die Notwendigkeit also: zwischen ihnen sich zu *entscheiden.* Ob unter solchen Verhältnissen die Wissenschaft wert ist, für jemanden ein »Beruf« zu werden, und ob sie selbst einen objektiv wertvollen »Beruf« hat, – das ist wieder ein Werturteil, über welches im Hörsaal nichts auszusagen ist. Denn für die Lehre dort ist die Bejahung *Voraussetzung.* Ich persönlich bejahe schon durch meine eigene Arbeit die Frage. Und zwar auch und gerade für den Standpunkt, der den Intellektualismus, wie es heute die Jugend tut oder – und meist – zu tun nur sich einbildet, als den schlimmsten Teufel haßt. Denn dann gilt für sie das Wort: »Bedenkt, der Teufel, der ist alt, so werdet alt ihn zu verstehen.« Das ist nicht im Sinne der Geburtsurkunde gemeint, sondern in dem Sinn: daß man auch vor diesem Teufel, wenn man mit ihm fertig werden will, nicht – die Flucht ergreifen darf, wie es heute so gern geschieht, sondern daß man seine Wege erst einmal zu Ende überschauen muß, um seine Macht und seine Schranken zu sehen.

Daß Wissenschaft heute ein *fachlich* betriebener »Beruf« ist im Dienst der Selbstbesinnung und der Erkenntnis tatsächlicher Zusammenhänge, und nicht eine Heilsgüter und Offenbarungen spendende Gnadengabe von Sehern [und] Propheten oder ein Bestandteil des Nachdenkens von

Weisen und Philosophen über den *Sinn* der Welt, – das freilich ist eine unentrinnbare Gegebenheit unserer historischen Situation, aus der wir, wenn wir uns selbst treu bleiben, nicht herauskommen können. Und wenn nun wieder Tolstoj in Ihnen aufsteht und fragt: »Wer beantwortet, da es die Wissenschaft nicht tut, die Frage: was sollen wir denn tun? und: wie sollen wir unser Leben einrichten?«, oder in der heute abend hier gebrauchten Sprache: »welchem der kämpfenden Götter sollen wir dienen? oder vielleicht einem ganz anderen, und wer ist das?«, – dann ist zu sagen: nur ein Prophet oder ein Heiland. Wenn der nicht da ist oder wenn seiner Verkündigung nicht mehr geglaubt wird, dann werden Sie ihn ganz gewiß nicht dadurch auf die Erde zwingen, daß Tausende von Professoren als staatlich besoldete oder privilegierte kleine Propheten in ihren Hörsälen ihm seine Rolle abzunehmen versuchen. Sie werden damit nur das eine fertig bringen, daß das Wissen um den entscheidenden Sachverhalt: der Prophet, nach dem sich so viele unserer jüngsten Generation sehnen, ist eben *nicht* da, ihnen niemals in der ganzen Wucht seiner Bedeutung lebendig wird. Es kann, glaube ich, gerade dem inneren Interesse eines wirklich religiös »musikalischen« Menschen nun und nimmermehr gedient sein, wenn ihm und anderen diese Grundtatsache, daß er in einer gottfremden, prophetenlosen Zeit zu leben das Schicksal hat, durch ein Surrogat, wie es alle diese Kathederprophetien sind, verhüllt wird. Die Ehrlichkeit seines religiösen Organs müßte, scheint mir, dagegen sich auflehnen. Nun werden Sie geneigt sein, zu sagen: Aber wie stellt man sich dann zu der Tatsache der Existenz der »Theologie« und ihres Anspruchs darauf: »Wissenschaft« zu sein? Drücken wir uns um die Antwort nicht herum. »Theologie« und »Dogmen« gibt es zwar nicht universell, aber doch nicht gerade nur im Christentum. Sondern (rückwärtsschreitend in der Zeit) in stark entwickelter Form auch im Islâm, im Manichäismus, in der Gnosis, in der Orphik, im Parsismus, im Buddhismus, in den hinduistischen Sekten, im Taoismus und in den Upanishaden und natürlich auch im Judentum. Nur freilich in höchst verschiedenem Maße systematisch entwickelt. Und es ist kein Zufall, daß das okzidentale Christentum nicht nur – im Gegensatz zu dem, was z.B. das Judentum an Theologie besitzt – sie systematischer ausgebaut hat oder danach strebt, sondern daß hier ihre Entwicklung die weitaus stärkste historische Bedeutung gehabt hat. Der hellenische Geist hat das hervorgebracht, und alle Theologie des Westens geht auf ihn zurück, wie (offenbar) alle Theologie des Ostens auf das indische Denken. Alle Theologie ist intellektuelle *Ra-*

tionalisierung religiösen Heilsbesitzes. Keine Wissenschaft ist absolut voraussetzungslos, und keine kann für den, der diese Voraussetzungen ablehnt, ihren eigenen Wert begründen. Aber allerdings: jede Theologie fügt für ihre Arbeit und damit für die Rechtfertigung ihrer eigenen Existenz einige spezifische Voraussetzungen hinzu. In verschiedenem Sinn und Umfang. Für *jede* Theologie, z.B. auch für die hinduistische, gilt die Voraussetzung: die Welt müsse einen *Sinn* haben, – und ihre Frage ist: wie muß man ihn deuten, damit dies denkmöglich sei? Ganz ebenso wie Kants Erkenntnistheorie von der Voraussetzung ausging: »Wissenschaftliche Wahrheit gibt es, und sie *gilt*« – und dann fragte: Unter welchen Denkvoraussetzungen ist das (sinnvoll) möglich? Oder wie die modernen Aesthetiker (ausdrücklich – wie z.B. G. v. Lukács – oder tatsächlich) von der Voraussetzung ausgehen: »es *gibt* Kunstwerke« – und nun fragen: Wie ist das (sinvoll) möglich? Allerdings begnügen sich die Theologien mit jener (wesentlich religions-philosophischen) Voraussetzung in aller Regel nicht. Sondern sie gehen regelmäßig von der ferneren Voraussetzung aus: daß bestimmte »Offenbarungen« als heilswichtige Tatsachen – als solche also, welche eine sinnvolle Lebensführung erst ermöglichen – schlechthin zu glauben sind und daß bestimmte Zuständlichkeiten und Handlungen die Qualität der Heiligkeit besitzen, das heißt: eine religiössinnvolle Lebensführung oder doch deren Bestandteile bilden. Und ihre Frage ist dann wiederum: Wie lassen sich diese schlechthin anzunehmenden Voraussetzungen innerhalb eines Gesamtweltbildes sinnvoll deuten? Jene Voraussetzungen selbst liegen dabei für die Theologie jenseits dessen, was »Wissenschaft« ist. Sie sind kein »Wissen« im gewöhnlich verstandenen Sinn, sondern ein »Haben«. Wer sie – den Glauben oder die sonstigen heiligen Zuständlichkeiten – nicht »hat«, dem kann sie keine Theologie ersetzen. Erst recht nicht eine andere Wissenschaft. Im Gegenteil: in jeder »positiven« Theologie gelangt der Gläubige an den Punkt, wo der Augustinische Satz gilt: credo non quod, sed *quia* absurdum est. Die Fähigkeit zu dieser Virtuosenleistung des »Opfers des Intellekts« ist das entscheidende Merkmal des positiv religiösen Menschen. Und daß dem so ist: – dieser Sachverhalt zeigt, daß trotz (vielmehr infolge) der Theologie (die ihn ja enthüllt) die Spannung zwischen der Wertsphäre der »Wissenschaft« und der des religiösen Heils unüberbrückbar ist.

Das »Opfer des Intellekts« bringt rechtmäßigerweise nur der Jünger dem Propheten, der Gläubige der Kirche. Noch nie ist aber eine neue Prophetie dadurch entstanden (ich wiederhole dieses Bild, das manchen anstößig gewesen ist, hier absichtlich), daß manche moderne Intellektuelle das Bedürfnis haben, sich in ihrer Seele sozusagen mit garantiert echten, alten Sachen auszumöblieren, und sich dabei dann noch daran erinnern, daß dazu auch die Religion gehört hat, die sie nun einmal nicht haben, für die sie aber eine Art von spielerisch mit Heiligenbildchen aus aller Herren Länder möblierter Hauskapelle als Ersatz sich aufputzen oder ein Surrogat schaffen in allerhand Arten des Erlebens, denen sie die Würde mystischen Heiligkeitsbesitzes zuschreiben und mit dem sie – auf dem Büchermarkt hausieren gehen. Das ist einfach: Schwindel oder Selbstbetrug. Durchaus kein Schwindel, sondern etwas sehr Ernstes und Wahrhaftes, aber vielleicht zuweilen sich selbst in seinem Sinn Mißdeutendes ist es dagegen, wenn manche jener Jugendgemeinschaften, die in der Stille in den letzten Jahren gewachsen sind, ihrer eigenen menschlichen Gemeinschaftsbeziehung die Deutung einer religiösen, kosmischen oder mystischen Beziehung geben. So wahr es ist, daß jeder Akt echter Brüderlichkeit sich mit dem Wissen darum zu verknüpfen vermag, daß dadurch einem überpersönlichen Reich etwas hinzugefügt wird, was unverlierbar bleibt, so zweifelhaft scheint mir, ob die Würde rein menschlicher Gemeinschaftsbeziehungen durch jene religiösen Deutungen gesteigert wird. – Indessen, das gehört nicht mehr hierher. –

Es ist das Schicksal unserer Zeit, mit der ihr eigenen Rationalisierung und Intellektualisierung, vor allem: Entzauberung der Welt, daß gerade die letzten und sublimsten Werte zurückgetreten sind aus der Oeffentlichkeit, entweder in das hinterweltliche Reich mystischen Lebens oder in die Brüderlichkeit unmittelbarer Beziehungen der Einzelnen zueinander. Es ist weder zufällig, daß unsere höchste Kunst eine intime und keine monumentale ist, noch daß heute nur innerhalb der kleinsten Gemeinschaftskreise, von Mensch zu Mensch, im pianissimo, jenes Etwas pulsiert, das dem entspricht, was früher als prophetisches Pneuma in stürmischem Feuer durch die großen Gemeinden ging und sie zusammenschweißte. Versuchen wir, monumentale Kunstgesinnung zu erzwingen und zu »erfinden«, dann entsteht ein so jämmerliches Mißgebilde wie in den vielen Denkmälern der letzten 20 Jahre. Versucht man, religiöse Neubildungen zu ergrübeln ohne neue, echte Prophetie, so entsteht im innerlichen Sinn etwas Aehnliches, was noch übler wirken muß. Und die Kathederprophetie wird vollends nur fanatische Sekten, aber nie eine echte Gemeinschaft schaffen. Wer dies Schicksal der Zeit nicht männlich ertragen kann, dem muß man sagen: Er kehre lieber, schweigend, ohne die übliche öffentliche

Renegatenreklame, sondern schlicht und einfach, in die weit und erbarmend geöffneten Arme der alten Kirchen zurück. Sie machen es ihm ja nicht schwer. Irgendwie hat er dabei – das ist unvermeidlich – das »Opfer des Intellektes« zu bringen, so oder so. Wir werden ihn darum nicht schelten, wenn er es wirklich vermag. Denn ein solches Opfer des Intellekts zugunsten einer bedingungslosen religiösen Hingabe ist sittlich immerhin doch etwas anderes als jene Umgehung der schlichten intellektuellen Rechtschaffenheitspflicht, die eintritt, wenn man sich selbst nicht klar zu werden den Mut hat über die eigene letzte Stellungnahme, sondern diese Pflicht durch schwächliche Relativierung sich erleichtert. Und mir steht sie auch höher als jene Kathederprophetie, die sich darüber nicht klar ist, daß innerhalb der Räume des Hörsaals nun einmal keine andere Tugend gilt als eben: schlichte intellektuelle Rechtschaffenheit. Sie aber gebietet uns festzustellen, daß heute für alle jene vielen, die auf neue Propheten und Heilande harren, die Lage die gleiche ist, wie sie aus jenem schönen, unter die Jesaja-Orakel aufgenommenen edomitischen Wächterlied in der Exilszeit klingt: »Es kommt ein Ruf aus Sē'îr in Edom: Wächter, wie lang noch die Nacht? Der Wächter spricht: Es kommt der Morgen, aber noch ist es Nacht. Wenn ihr fragen wollt, kommt ein ander Mal wieder.« Das Volk, dem das gesagt wurde, hat gefragt und geharrt durch weit mehr als zwei Jahrtausende, und wir kennen sein erschütterndes Schicksal. Daraus wollen wir die Lehre ziehen: daß es mit dem Sehnen und Harren allein nicht getan ist, und es anders machen: an unsere Arbeit gehen und der »Forderung des Tages« gerecht werden – menschlich sowohl wie beruflich. Die aber ist schlicht und einfach, wenn jeder den Dämon findet und ihm gehorcht, der *seines* Lebens Fäden hält.

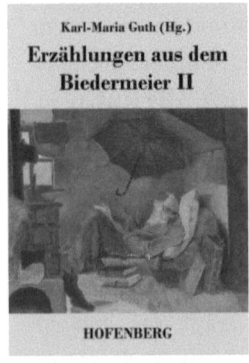

Erzählungen aus dem Biedermeier

Biedermeier - das klingt in heutigen Ohren nach langweiligem Spießertum, nach geschmacklosen rosa Teetässchen in Wohnzimmern, die aussehen wie Puppenstuben und in denen es irgendwie nach »Omma« riecht.

Zu Recht. Aber nicht nur.

Biedermeier ist auch die Zeit einer zarten Literatur der Flucht ins Idyll, des Rückzuges ins private Glück und der Tugenden. Die Menschen im Europa nach Napoleon hatten die Nase voll von großen neuen Ideen, das aufstrebende Bürgertum forderte und entwickelte eine eigene Kunst und Kultur für sich, die unabhängig von feudaler Großmannssucht bestehen sollte.

Georg Büchner Lenz **Karl Gutzkow** Wally, die Zweiflerin **Annette von Droste-Hülshoff** Die Judenbuche **Friedrich Hebbel** Matteo **Jeremias Gotthelf** Elsi, die seltsame Magd **Georg Weerth** Fragment eines Romans **Franz Grillparzer** Der arme Spielmann **Eduard Mörike** Mozart auf der Reise nach Prag **Berthold Auerbach** Der Viereckig oder die amerikanische Kiste

ISBN 978-3-8430-1884-5, 444 Seiten, 29,80 €

Erzählungen aus dem Biedermeier II

Annette von Droste-Hülshoff Ledwina **Franz Grillparzer** Das Kloster bei Sendomir **Friedrich Hebbel** Schnock **Eduard Mörike** Der Schatz **Georg Weerth** Leben und Taten des berühmten Ritters Schnapphahnski **Jeremias Gotthelf** Das Erdbeerimareili **Berthold Auerbach** Lucifer

ISBN 978-3-8430-1885-2, 440 Seiten, 29,80 €

Erzählungen aus dem Biedermeier III

Eduard Mörike Lucie Gelmeroth **Annette von Droste-Hülshoff** Westfälische Schilderungen **Annette von Droste-Hülshoff** Bei uns zulande auf dem Lande **Berthold Auerbach** Brosi und Moni **Jeremias Gotthelf** Die schwarze Spinne **Friedrich Hebbel** Anna **Friedrich Hebbel** Die Kuh **Jeremias Gotthelf** Barthli der Korber **Berthold Auerbach** Barfüßele

ISBN 978-3-8430-1886-9, 452 Seiten, 29,80 €